# LES INONDÉS

## MARIE

### LEUR SALUT ET LEUR REFUGE.

RÉCIT DES INONDATIONS

QUI ONT DÉSOLÉ UNE GRANDE PARTIE DE LA FRANCE ;

PAR

M. l'abbé A. de BOUCLON,

du diocèse d'Évreux,

Auteur de la *Vie de la Sœur Rosalie.*

—◦◆◦—

PARIS.

Ch. DOUNIOL, LIBRAIRE,

RUE DE TOURNON, 29.

H. VRAYET DE SURCY, libraire, rue de Sèvres, 2.

# MARIE

## SALUT ET REFUGE

### DES

### DÉPARTEMENTS INONDÉS.

———∗∗∗∙∞∙∗∗∗———

## I

Au récit des épouvantables catastrophes qui viennent de désoler plus de vingt départements de notre belle France, quel est le cœur chrétien qui ne s'est ému de la pitié la plus profonde sur le sort de tant de familles ruinées, sans pain, sans vêtements, sans abri, sans asile, livrées à un irremédiable désespoir si la bienfaisance publique ne leur tend pas une main secourable?

La première pensée est un élan de la divine charité pour voler au secours de tant d'infortunes. «C'est à la religion,» disait un illustre prélat (1) qui ne restait jamais muet en présence des calamités publiques, « qu'il appartient de venir la « première en aide aux afflictions qui « marquent sur la terre le passage de la « justice de Dieu. La voix suppliante de « l'Église doit s'élever jusqu'au ciel pour « appeler sa miséricorde. Elle doit se faire « entendre à tous ses enfants pour exciter « en faveur de leurs frères le sentiment « d'une compassion sincère, et invoquer « leurs largesses pour les victimes frap- « pées par des coups aussi terribles « qu'inattendus. Hâtons-nous de prier et « de secourir. »

La seconde pensée est pour l'avenir. Comment prévenir le retour de semblables calamités? Devant la furie des eaux que vomissent les abîmes de la terre, qui se précipitent des cataractes du ciel, comme au temps du déluge, où trouver un refuge? où chercher un appui? Comment opposer à un élément auquel Dieu seul commande,

(1) Monseigneur Olivier, évêque d'Évreux.

des digues assez puissantes, si c'est la colère de Dieu qui se déploie contre nous, si sa main nous châtie? Que peut l'homme contre Dieu? Rien.

Humilions-nous donc sous sa main toute-puissante, et cherchons uniquement à la désarmer par la prière, les larmes, l'expiation, la bienfaisance. Poussons le cri suprême des matelots au sein des naufrages: Marie, étoile de la mer, salut! Marie, notre unique refuge, priez pour nous!

Si cette Vierge Immaculée est notre mère adoptive, nous sommes aussi ses enfants d'adoption. Il n'est pas possible que notre cri de détresse ne perce pas les cieux et ne touche son cœur maternel. Une mère peut-elle oublier le fils de ses entrailles? Et quand une mère oublierait l'enfant qui suça le lait de son sein, Marie ne peut oublier les enfants qui lui ont été donnés au pied de la Croix, inondés du sang de son Fils.

Notre confiance en elle est donc sans bornes et sans limites. Français, nous avons des titres particuliers à sa protection. C'est nous qui avons chanté les premiers les gloires de son Immaculée Conception, jusqu'à tresser dans les académies des couronnes d'or pour les poëtes qui avaient su le mieux célébrer ses augustes priviléges ! C'est nous qui les premiers avons supplié le Saint-Siége de faire de notre universelle croyance un dogme de l'Eglise, et qui l'avons reçu ensuite avec les démonstrations de la joie la plus vive ! C'est nous qui les premiers lui avons consacré le plus beau mois de l'année, afin d'orner et d'embaumer ses autels des premières fleurs que le souffle du printemps épanouit sur la terre ! Il nous est peut-être permis de penser et de dire, avec une certaine confiance, que nous n'avons point trop dégénéré de la tendre dévotion de nos pères pour elle, et que le royaume antique de la Gaule est encore aujourd'hui comme autrefois le royaume de Marie : *Regnum Galliæ, regnum Mariæ.*

O Vierge, notre Mère et notre Reine, du

haut du Ciel où votre trône est placé au-dessus des Séraphins, abaissez vers un royaume, sur un empire qui est à vous, votre regard où brilla tant de fois, pour le soulagement de ceux qui souffrent, la larme des tendres compassions. Voyez notre détresse, notre misère. Quoi! dans votre royaume, dans votre France chérie, des ruines où s'élevaient tant de superbes cités! Les chaumières du pauvre ensevelies sous les eaux! les décombres de villages entiers, les débris des rochers, la pierre nue, un Océan de sable et de vase à la place de ces moissons florissantes, de ces riches récoltes que la faux du moissonneur et le couteau des vendangeurs s'apprêtaient à recueillir! Après les épidémies, la disette et la guerre, les inondations d'un véritable déluge! C'est par milliers que l'on compte les familles, femmes, vieillards, enfants, cherchant en vain la place où fut leur foyer, leur champ arrosé de leurs sueurs. Vos enfants peuvent bien répéter, dans un lugubre concert, la plainte qui sortit un jour

de la poitrine de Jésus : « Les renards ont
une tanière, les oiseaux un nid : nous
n'avons pas une pierre pour reposer notre
tête. Notre plainte ne peut vous offenser.
Quand le père de famille a usé de la verge,
la mère ne se fâche point contre les larmes
de ses enfants, et tolère un doux reproche
sur leurs lèvres. »

A ces plaintes, aux accents de notre désespoir et de notre trop juste terreur, il me
semble entendre, à travers les espaces, la
réponse que nous fait Marie de sa voix céleste et amie :

— Enfants, si Dieu vous châtie, c'est
que vous avez été coupables. Je vous avais
avertis de sa colère pour en prévenir
les effets. Je vous parlais en mère : pourquoi ne m'avoir pas écoutée ?

— O Mère ! notre confusion seule vous
répond. Quand la justice de Dieu passe,
c'est à nous de baisser la tête et de nous
taire. De l'abîme de notre affliction nous
n'osons pas élever la voix vers Celui qui
parle à la foudre, et elle éclate, aux nuages,

et ils versent des torrents sur nos têtes,
aux fleuves, et ils bondissent comme des
béliers en fureur dans la plaine ; aux glaciers des hautes montagnes que l'homme
proclamait vainement éternels, et de leurs
cimes séculaires ils se précipitent en vagues mugissantes, comblent les vallées,
bouleversent les champs et renversent les
cités sur leur passage. Nous confessons son
irrésistible puissance, nous tremblons sous
le regard de Celui qui se montre d'une
manière si terrible le maître souverain de
la nature. Si nous osions lui parler, nous
ne pourrions que lui répéter les paroles du
Prophète pénitent qui exprimait ses re-
mords d'une manière si vive : « *Si votre
œil d'observation sonde nos iniquités, qui
pourra, Seigneur, soutenir le feu de votre
regard ?* » Vierge débonnaire, trône de la
sagesse divine et miroir de sa justice, do-
ciles à votre voix que les Anges nous ap-
portent du ciel, nous confessons que si
nous sommes si malheureux et châtiés par
de si épouvantables fléaux, c'est que nous

sommes coupables. Dites-nous, dites-nous, pour éviter les châtiments de l'avenir, pourquoi avons-nous été traités d'une manière si terrible, abîmés sous les eaux, perdus dans nos biens, frappés dans nos proches ? Pourquoi tant de pleurs devant autant de tombeaux, tant de cadavres emportés par les ondes ? Hélas ! la peste et la guerre nous avaient déjà assez fait de veuves, d'orphelins, de mères inconsolables !

— Enfants trop coupables, mais dignes de ma pitié puisque vous êtes si malheureux, vous ne voulez pas confesser que vous avez un maître dans le ciel. Vous le dites quelquefois de bouche, mais toutes vos actions démentent votre langage. Vous vivez comme si Dieu n'était pas. Vous ne mettez aucun frein à vos désirs, à vos cupidités, à vos passions, et Dieu a lâché le frein qui retenait la fureur des éléments. Vous vous souciez peu du ciel pourvu que vous ayez les biens et les jouissances de la terre ; et Dieu a fait signe aux tempêtes, aux eaux suspendues dans les airs et sur les rochers ; et les eaux et les tempêtes vous ont ravi tous ces biens, englouti toutes ces richesses, traîné dans la fange tout cet or, toutes ces soieries, tous ces ornements du luxe avec toutes les machines qui les produisent. Maintenant que vous n'avez plus rien, vous tournerez sans doute vos regards vers Celui qui possède tout. En vous frappant, Dieu vous parle, et ses châtiments ne sont que des avertissements.

— Consolatrice des affligés, nous avons compris que Dieu est irrité contre nous, et nous sommes encore tout saisis de terreur des effets de sa colère. Mais qui sait si cette trop juste colère est apaisée, si le glaive est rentré dans le fourreau, si après cette première coupe vidée, un de ces anges, dont la vision nous effraye dans le Livre des Révélations, n'en a pas encore une seconde a répandre, si aux flots qui rentrent dans le sein des mers après avoir servi d'instrument à la justice divine d'autres flots ne succéderont pas encore ? Nous venons nous jeter dans vos bras, sur votre sein comme notre unique refuge. Colombes effrayées par ce déluge, vous êtes l'arche où nous voulons nous réfugier : naufragés, vous êtes le fort où nous voulons aborder, notre ancre d'espérance dans l'orage. Nos prières, nos vœux sont dans vos mains. Allez, en notre nom et comme notre ambassadrice, notre avocate, plaider notre cause au pied du Tribunal de votre Fils! Il vous écoutera : un fils peut-il refuser quelque chose à sa mère? Dites à Jésus quelques-unes de ces paroles que vous saviez si bien dire autrefois pour gagner le chemin de son cœur! Dites-lui, exposant la misère de tant de familles éplorées, comme vous fîtes autrefois aux noces de Cana : « ils n'ont pas de pain ! » Et Jésus dilatera les entrailles des riches, et il puisera dans le superflu de leurs trésors le nécessaire des pauvres. Il mûrira nos moissons qui ne demandent qu'à jaunir; il conservera aux vignes leur fardeau précieux; il enchaînera les tempêtes qui troubleraient la sérénité des beaux jours qui nous sont nécessaires. Et toutes les générations reconnaissantes continueront à vous appeler Bienheureuse parce que vous êtes la Mère de Jésus, parce que vous êtes toute-puissante auprès de votre Fils. Nous ajouterons une nouvelle strophe aux supplications que nous chantons en votre honneur : *Marie, salut et refuge des inondés, priez pour nous!*

— Pauvres enfants, enfants qui m'êtes bien chers puisque vous m'avez été engendrés de la plaie sacrée du Cœur de mon Fils, écoutez d'abord la voix de votre mère, si vous voulez que la voix de votre mère soit exaucée à son tour au pied du trône de la Miséricorde. Dieu se lasse et ne se laisse pas fléchir par la prière des pécheurs. Dieu écoute les pécheurs quand ils ôtent de leur cœur le venin des mauvaises pensées, quand ils détournent leurs pas de la voie mauvaise où les entraînait l'ange déchu de la perdition, quand ils se convertissent, qu'ils reviennent à lui et lui demandent la vie céleste qu'il avaient perdue. Il les écoute dans le jeûne, sous le sac et sous la cendre dont la pénitence marque leur front. Il ne les exauce plus quand ils persévèrent dans le mal. Que puis-je faire, que puis-je obtenir pour vous tant que vous violerez la sainteté du jour que le Seigneur s'est réservé. Rien n'attire plus son courroux sur une nation que la profanation publique du dimanche. Rendez à ce jour sacré sa gloire antique, sa splendeur, ses prières, ses chants et son repos universel, et j'apaiserai mon Fils.....

Mais laissons remonter dans sa gloire la céleste vision, et ne soyons pas assez téméraire pour oser nous faire l'interprète et le secrétaire de Marie.

Toujours est-il que ces pensées renferment un conseil salutaire. Oui, opposons le nom de Marie au retour des malheurs qu'il nous faut maintenant soulager. Mettons tous ensemble, par un concert de fraternelles prières, les départements inondés sous sa puissante protection. Que les autels de Marie soient leur refuge aujourd'hui, leur salut demain. Demandons-lui la

fin des calamités présentes, et une garantie
contre leur retour.

Et pour faire un pareil vœu, après une
si grande calamité, quel temps plus favo-
rable que celui où le culte de la Mère de
Dieu se montre plus propice, plus populaire que jamais, où de nouveaux sanc-
tuaires consacrés en son nom s'élèvent au
milieu des acclamations des peuples, où
les anciens reprennent un lustre tout nouveau? La proclamation du dogme de
l'Immaculée-Conception vient de susciter
naguère une émotion populaire vraiment
incroyable; et n'a-t-on pas raison de croire
que la nation qui exalte à ce point le culte
de Marie a, malgré tant de scandales et tant
de causes de ruine, des chances assurées
de salut et de protection dans l'avenir?
Tout concourt à augmenter ce mouvement des peuples vers la Mère de la miséricorde. La Vierge Immaculée guide nos
flottes, conduit nos armes, et aux jours de
ses bonnes fêtes les victoires sont décisives.
Lyon, si cruellement éprouvé, en élevant

sur le clocher de Fourvières la statue de la Vierge puissante, au regard de la Saône et du Rhône si terribles au jour de leur colère, a montré, entre la terre et les cieux, la Protectrice qu'il faut invoquer pour calmer et diriger leur cours impétueux. Avignon se prépare aussi à élever sa statue sur la tour des Dons, et Notre-Dame-du-Puy à la monter sur le piédestal merveilleux que lui a préparé la nature. Du haut de ce rocher, le regard s'étendra sur une mer de collines se succédant à perte de vue et d'où descendent les ruisseaux qui forment le cours de la Loire. Elle ne semblera élevée à cette hauteur que pour attirer l'attention des populations qui dormiront et travailleront en paix sous sa protection.

## II

Laissons aux économistes, aux savants, le soin de rechercher la cause physique des inondations qui ont désolé nos plus riches provinces à des intervalles si rapprochés : 1840, 1846, 1856, dates lugubres dans l'histoire de nos malheurs. Ils la trouveront principalement dans les imprudentes cultures faites dans le lit antique des fleuves, sur les collines qui les environnent, dans le défrichement des bois et des forêts.

Nous, chrétiens, hommes de foi et de prière, levons les yeux plus haut que les montagnes d'où sont descendus les torrents en furie. Reconnaissons ici la main toute-puissante de Dieu ! Dieu nous châtie ou nous éprouve. Quelle que soit la pensée de la divine Providence renfermée dans cette inévitable disjonctive, à la première répondons : résignation ; à la seconde : courage. La main qui montre la verge tient aussi ou la miséricorde ou la couronne ; la miséricorde pour le repentir qui apaise ; la couronne pour la victoire qui sort triomphante de l'épreuve en l'acceptant.

Nos pères, mieux que nous, dans les grandes calamités savaient reconnaître le doigt de Dieu. Quand le bras irrité de Dieu s'appesantissait sur eux, arrêtant dans le sein de la terre l'accroissement des récoltes, ou tarissant au fond de leur poitrine le souffle de la vie, ou submergeant leurs villes et leurs campagnes, ils rentraient au dedans d'eux-mêmes, ils réfléchissaient sur ce qui avait pu provoquer la colère divine, et ils ne tardaient pas à faire une expiation publique.

Depuis un certain nombre d'années, plusieurs fois les cours d'eau les plus considérables de France ont franchi ou rompu leurs digues et inondé les campagnes. *Aide-toi, et le ciel t'aidera.* Il sera bon assurément de songer au plus tôt à reboiser le flanc des montagnes, à couvrir de végétaux la nudité des rochers, à élever de grandes plantations dans les bas-fonds envahis par les eaux, à établir des digues plus hautes et plus solides que les précédentes, à donner aux rues et aux places des cités un niveau moins facilement submersible. Mais quand les économistes et les ingénieurs auront dit leur dernier mot, quand l'homme aura entassé, vers les hauteurs du ciel, Pélion sur Ossa, et qu'il sera bien forcé de confesser son impuissance, qui rendra aux saisons leur cours régulier, à l'hiver ses froids préservateurs, à l'été ses chaleurs vivifiantes, en même temps qu'au sommet des montagnes une atmosphère tempérée, au ciel sa sérénité, aux éléments qui nous maîtrisent leur équilibre?

Rendons honneur à la science qui, *comme tout parfait, descend du Père des lumières;* soyons même reconnaissants des louables efforts qu'elle fait pour trouver des remèdes à l'état de maladie et de souffrance de nos végétaux les plus indispensables à la vie; des calculs savants qu'elle accumule sur la pente et sur la force d'expansion des eaux pour leur opposer des digues ou leur ouvrir un cours libre et régulier; mais dans notre fol orgueil, si démesurément excité par les grandes entreprises de ce siècle, gardons-nous d'oublier que nous avons un maître là-haut ; gardons-nous de léser les droits de son inaliénable souveraineté et l'état de dépendance dans lequel on est forcément vis-à-vis de l'Auteur de toutes choses ; reconnaissons enfin que c'est la main de Dieu qui a frappé tour à tour ces plantes utiles qui constituent la principale alimentation du pauvre, et le fruit de la vigne, d'une sorte de lèpre délétère.

Depuis trois ans, et les inquiétudes pour cette année ne sont que trop justifiées, la Normandie voit ses vergers d'abord éblouissants de fleurs et ne récolte point de fruits. Le blé n'est pas malade, mais il est moins fertile et moins abondant. Les succès de la guerre, les lauriers de la victoire flattent l'amour-propre d'une nation, l'enivrent d'enthousiasme ; mais la guerre, avec la peste, les incendies, les inondations, les tremblements de terre, la guerre n'est pas moins un des plus terribles fléaux de Dieu. Or, la guerre vient à peine de remettre dans le fourreau son glaive homicide, et pour avoir porté loin de nous ses horreurs, elle n'en a pas moins coûté à la France le plus pur de son sang. Parcourez nos villes et nos campagnes, vous entendrez des gémissements et des sanglots : la France porte le deuil de ce que nous appelons sa gloire. Et l'épidémie qui a porté le deuil dans tant de cités opulentes, dans nos armées plus de ravages que les feux de la mitraille, trompant dans sa marche, dans ses périodes de croissance et de décroissance tous les calculs humains, d'où vient-elle? N'est-ce point aussi quelque goutte tombée de l'une des coupes de la Justice divine, dont nous contemplons la terrible vision au Livre des Révélations de Jean, Apôtre de Jésus-Christ.

Ou il faut effacer le dogme de la Providence, ou il faut voir dans le concours de ces événements malheureux l'effet de sa justice.

Contemplons, mais avec des larmes, mais avec une pensée de secours pour tant de victimes, les ravages du dernier cataclysme.

## III

Dans ce sinistre météore dont les feux étincelants illuminèrent un instant toute la France au commencement de la nuit du dimanche 3 février, les anciennes croyances, ou superstitieuses ou fondées, auraient vu un fâcheux pronostic de quelque événement malheureux.

La nuit du 10 au 11 mai fut terrrible dans la commune de Saint-Rabier, canton de Terrasson : un affreux tremblement de terre avait mis en émoi les habitants du village du Grand-Coderc ; les oscillations se faisaient sentir dans la direction du Nord au Sud ; on entendait comme un bruit de chariots, tout le cliquetis de pièces d'artillerie lancées à fond de train. La commotion était si forte, qu'une montagne distante d'environ cinq minutes du village se déplaça et se précipita dans un ravin avec un fracas épouvantable. Pendant plusieurs heures, arbres, vignes, rochers roulaient pêle-mêle : plus de quatre cents hectares de terres magnifiquement cultivées, des vignes de la plus belle végétation, tout était emporté par la violence des éboulements de la montagne, anéantissant, dans cette révolution, les plus belles espérances d'un grand nombre de propriétaires.

Pendant plusieurs jours des pluies torrentielles ne cessaient d'inonder plusieurs départements. A Beaune, une trombe éclatait sur la ville, et bon nombre d'habitants, réveillés par cette masse d'eau, virent les rues changées en véritables rivières. Le torrent de Genet coulait avec la plus grande violence : les jardins qui avoisinaient le ruisseau de l'Aige étaient littéralement transformés en lacs ; la Bouzaise débordait également au faubourg Perpreuil, près des moulins, et couvrait le grand chemin ; un nouveau torrent sortait de terre, au-dessus de Genet : il se cachait et gardait le silence depuis 1797. Les marais de Corgengoux et de Chavignevol for-

maient un immense réservoir; les habitants échappaient à grand'peine, par une
fuite précipitée, à la fureur des eaux. Un
orage très-violent éclatait en même temps
le long du Rhône, au-dessous de Lyon, et
l'Ardière commençait à causer de grands
dégats.

Un événement que rien ne semblait faire
prévoir jetait la population de Castelmo-
von dans la douleur : le coteau qui domine
cette ville venait de s'écrouler. Ce coteau
était la propriété du pauvre ; il n'était personne qui ne pût y montrer celui-ci une
vigne bien prospère, celui-là des arbres
chargés de fruits, l'un un petit champ de
blé, l'autre une petite maison. Cette montagne, qui embellissait la ville, n'offrait
plus aux regards attristés que l'image de
la désolation et du chaos; des crevasses
devenaient de plus en plus profondes et
larges, et l'on sentait la terre rouler sous
les pieds.

Cependant la Saône et le Rhône franchis-
saient leurs bords, inondaient les infortunés

riverains, et portaient, au lieu des richesses et de l'abondance, le désastre et la misère. Du haut de la colline de Fourvières, aussi loin que la vue pouvait s'étendre dans les plaines du Dauphiné, on apercevait l'eau qui couvrait les prairies et les terres. Beaucoup de maisons aux Brotteaux, à Perrache, avaient dû être évacuées; on voyait leurs pauvres habitants occupés à transporter à bras leurs misérables mobiliers d'ouvriers; d'autres trouvaient en rentrant leurs propres habitations cernées par les eaux. C'était un triste et imposant spectacle que celui des champs, sur lesquels on ne voyait plus que la pointe des arbres et les étages supérieurs des maisons solitaires et désertes, séparées des routes et des chemins, interceptés eux-mêmes sur bien des points. Le pont de service pour la construction du viaduc de Genève à Lyon était emporté; les saulées d'Oullins étaient sous l'eau, ainsi que les abords de l'embarcadère du chemin de fer de Saint-Étienne; la place de la Préfecture était entourée par la Saône. La rue Saint-Dominique et le quai Saint-Antoine étaient en partie illuminés, et l'effet de ces lumières et des torches que l'on agitait sur les bateaux et dans le fond des allées jetait une sombre épouvante dans les esprits ; sous les arches du pont de Nemours s'engouffrait, avec un fracas et une violence inouïs, la masse des eaux de la Saône. Aux travaux du pont tubulaire de la Quarantaine, les flots se brisaient avec un affreux mugissement contre les échafaudages provisoires et les débris du pont écroulé. Les bâlmes situées au-dessus du fort Saint-Just glissaient avec les arbres et les pierres qui les retenaient.

La ville de Cluny était inondée à une hauteur considérable par les eaux venant de la montagne. La Grosne débordée tenant des familles entières prisonnières dans leurs maisons, charriait une grande quantité de meubles et les débris des jardins bouleversés. Les eaux de la Brenne et de l'Armançon couvraient les plaines de

Laumes, d'Athic, de Viserny et de Genay. Tout un quartier de Semur avait été envahi dans la nuit du 11 au 12 mai. La pluie qui ne cessait de tomber avait tellement grossi les ruisseaux à Mont-sous-Vaudrey, que dans les rues basses de ce village l'eau gagnait les rez-de-chaussée. La Cuisance, débordée, courait à travers champs et prés : les territoires de Bans, Souvans, Augerans, Nevy-lez-Dôle étaient également inondés ; la Loue, énormément grossie, débordait sur tous les points ; la Loire, l'Allier, le Cher et leurs affluents, commençant à rouler leurs flots comme les vagues de la mer, consternaient dix départements. Mais ce n'était là que le commencement des douleurs.

Les 18, 19, 20 et 21 mai, le ciel, après des orages et des pluies torrentielles de plusieurs jours, avait repris sa sérénité printanière, et les feuilles publiques annonçaient avec joie la décroissance des rivières et des fleuves. Soleil perfide ! espérances trompeuses ! l'atmosphère avait imbibé la terre, gonflé les sources et les torrents de toutes les eaux qu'elle contient dans ses vastes flancs : les vents du Midi, échauffés encore par un soleil ardent, allaient déchaîner celles qui étaient retenues sur les rochers couverts de neige des Cévennes, des Vosges, du Jura et sur les glaciers des Alpes.

Alors plus de mesure dans les débordements de la Saône, du Rhône, de la Loire. La nature entière se confond dans un morne silence pour ne plus laisser parler que la grande voix des eaux, les mille voix des vagues écumantes, bruyantes comme cent tonnerres, qui se précipitent en furie contre les villages et les cités, qui forment bientôt, comme dans les environs d'Orléans et dans le bassin du Rhône, des lacs de vingt lieues de longueur sur quatre de largeur, un Océan sur les terres chargées de récoltes, sur les maisons remplies de richesses. Que de désastres renfermés sous ce peu de mots! que de pertes! que de familles ruinées! que de richesses et de biens engloutis! Pour cent mille habitants peut - être, Lyon seul en compte vingt-cinq mille sans asile, sans mobilier, sans instruments de travail, sans troupeaux, sans vêtements, sans pain! Que de victimes, que de vieillards, que d'enfants, que de femmes noyés sous les eaux! On fuit avec épouvante l'inondation d'un côté, on la rencontre de l'autre. On l'évite aux étages supérieurs des habitations, dans les greniers, sur les toits : elle vous gagne. Les maisons s'effondrent sous la violence des courants. Elle atteint, dans certaines localités, jusqu'à vingt-deux pieds de hauteur; elle surpasse tous les niveaux des précédents déluges; elle surprend en défaut toutes les prévisions; elle crève toutes les digues; elle met en fuite tous les travailleurs. Quand avait-on jamais vu rien de semblable?

Quelle nuit que celle du 31 mai à Lyon, dont la date restera fatale dans l'histoire de cette ville! La digue de la Tête-d'Or s'était rompue, et l'eau avait envahi les plaines avec une rapidité inouïe. Le tocsin sonnait sur plusieurs points, les cris d'alarme se propageaient au loin; mais le fléau courait plus vite sur terre que le son dans les airs. Les pauvres habitants, surpris dans leur sommeil, ne se sauvaient qu'avec la plus grande peine, à moitié vêtus et dans l'eau, laissant leurs mobiliers, leurs effets les plus indispensables. Beaucoup d'autres attendaient le jour dans une inexprimable anxiété, et leur sauvetage ne put être opéré que dans la matinée du lendemain avec les plus grandes difficultés. Pendant ce temps-là, le bruit sinistre des maisons qui croulaient se faisait entendre par intervalles et glaçait d'effroi les témoins de ces terribles scènes. Et combien de victimes ensevelies sous les décombres !

Pendant que des efforts surhumains se poursuivaient au nord des Brotteaux pour préserver ou maintenir la solidité du Chemin de Ronde, il était brusquement emporté vers l'est, derrière le Pré-aux-Clercs, et l'eau se précipitait furieuse par la brèche. Dans la rue Masséna, c'était une large cataracte qui bondissait en mugissant. L'alarme s'était de nouveau répandue avec une rapidité que semblait suivre l'élément destructeur, et ceux qui croyaient avoir échappé au danger, après la rupture de la digue, durent chercher en toute hâte leur salut dans la fuite. Les Petites-Sœurs des pauvres, avec tout leur personnel de vieillards des deux sexes, furent conduites sur des fourgons à l'hôtel-Dieu. Depuis trente heures, tous n'avaient rien mangé. Les directeurs de la maison du Saint-Enfant-Jésus un à un leurs enfants à travers les eaux. Pour transporter les infirmes, il fallut construire précipitamment des radeaux qui furent dirigés vers le port. Un des frères rentra courageusement dans l'eau pour chercher le Saint-Sacrement et alla pieusement le déposer dans une maison de la place Louis XVI.

Toute la soirée, toute la nuit, le sauvage et l'émigration continuèrent. Les uns sauvaient quelques meubles et quelques hardes; les autres fuyaient avec les seuls habits qui les couvraient et qui étaient entièrement mouillés. On les dirigeait sur l'Hôtel-de-Ville, sur l'Hôpital; mais la plupart passèrent la nuit sur le Cours Morand, le Cours de Brosses, à côté des rares effets qu'ils avaient pu enlever. Dans ces groupes, d'un aspect lamentable, les gémissements, les sanglots éclataient; des femmes cherchaient leurs maris, leurs enfants; ceux-ci appelaient leurs mères : tous exprimaient par leurs regards et leur attitude la plus poignante désolation.

Une femme circulait, serrant sur son sein un enfant au maillot; ce n'était pas le sien; on le lui avait donné à garder, et elle cherchait à lui retrouver ses parents, engloutis sans doute sous les eaux. Les vieillards pleuraient comme des enfants.

Nuit d'horreur! Une femme portant deux enfants sur ses bras, tandis qu'un troisième est suspendu sur ses épaules, descendait à la hâte de sa maison pour entrer dans une barque qui l'attendait au bas. Au moment où elle pose le pied sur le dernier degré l'escalier s'écroule ; un enfant lui échappe, tombe dans l'eau ; elle veut le retenir : dans ce brusque mouvement, les deux autres glissent et roulent dans le cercueil commun des eaux, et la malheureuse mère voit périr sous ses yeux ses trois enfants. Une mère et sa fille, jeune personne de dix-huit ans, s'étaient réfugiées sur le balcon de leur appartement pour descendre dans une barque qui se dirigeait vers elles : tout à coup la maison s'affaisse, la mère est précipitée dans l'eau et disparaît ; la jeune fille reste suspendue au-dessus de l'abîme, accrochée fort heureusement par ses jupons à une poutre de la façade : ce n'est qu'une heure après que des mariniers parviennent à l'arracher à cette terrible position. Une barque de pontonniers venait de recueillir vingt-cinq personnes ; sur son passage une maison s'écroule et la fait chavirer : le lieutenant des pontonniers et un sergent échappent seuls à la mort !

Au milieu des habitants en fuite, on rencontrait des bestiaux de toute sorte, des chevaux, des vaches, des bœufs, des moutons qui cherchaient en vain, d'un air morne, leur abri accoutumé, et que la faim tourmentait.

Les mêmes scènes se renouvelaient, la même désolation s'étendait dans tout le bassin du Rhône jusqu'à Avignon, dont l'inondation renversait une partie des remparts. Elle envahissait en même temps les plaines qui s'étendent à droite et à gauche vers Nîmes et du côté d'Arles, bientôt cernée elle-même par les eaux.

La Loire, de son côté, coulait comme une colère de Dieu. Ce grand fleuve, accru des débordements de ses affluents et principalement de l'Allier, chargé d'écume et de limon et charriant d'innombrables débris, s'élevait successivement jusqu'à sept mètres dix centimètres à l'échelle du pont d'Orléans. Saint-Pryvé était tellement inondé qu'on ne voyait plus, en beaucoup d'endroits, que le toit des maisons. Partout, dans son vaste parcours, les dégâts étaient immenses. Le télégraphe électrique annonçait heure par heure les progrès effrayants de la crue. Dans les villages, on sonnait le tocsin, on battait la générale. Des familles, des communes entières émigraient vers les points supérieurs ou vers les villes, où elles pouvaient espérer de trouver un asile et des secours. De longues files d'hommes, de femmes, de bestiaux entraient à Orléans et y campaient en plein air comme dans une ville assiégée. C'était grande pitié de voir à chaque instant dans les rues ces malheureux cultivateurs, la figure morne, traînant leurs vaches, conduisant des charrettes avec leurs enfants tout en pleurs et assis sur les pauvres objets du ménage. Un grand nombre de personnes montaient sur la plate-forme de la Tour-de-Ville et au sommet de la tour de Sainte-Croix pour contempler de là le terrible tableau que présentait au loin toute la vallée de la Loire. L'œil embrassait distinctement une vaste étendue de pays, et on apercevait au loin, comme au milieu d'un lac, la masse noire de Notre-Dame-de-Cléry. Quelle effrayante désolation ! Tout le Val de la Loire, à perte de vue, était sous les eaux en amont et en aval du fleuve. Çà et là, sur les points culminants, émergeaient la partie supérieure des maisons, des bouquets d'arbres, des vignes. Partout, sur ce riche et fertile littoral, que de récoltes anéanties ! que de familles ruinées ! que de populations dans la désolation et la misère !

Après la rupture de la levée de la Loire à Marmain, les eaux, s'avançant avec une rapidité furieuse, assaillirent Jargeau sans laisser à ses habitants le temps de prendre toutes leurs précautions. La ville offrit bientôt un spectacle affreux : elle était tout entière inondée. Avec ses maisons renversées, ses murs abattus, ses rues dépavées et couvertes de débris de meubles et de marchandises, ses excavations profondes, elle présentait, au milieu d'une population consternée, le tableau d'une ville prise d'assaut et saccagée.

La première invasion faite par la rupture de la levée, les eaux s'avancèrent comme la mer au moment des grandes marées. Ce fut un spectacle aussi imposant que saisissant que celui de la jonction de la Loire avec le Loiret. Le niveau s'étant établi dans toute l'étendue du Val, la surface des eaux devint plus calme; mais bientôt des courants destructeurs se manifestèrent dans plusieurs directions. Un des plus violents fut celui qui traversa l'extrémité de la rue Dauphine.

Sandillon, Saint-Mesmin et tous les parages submergés, les eaux du Loiret et celles de la Loire réunies comme deux armées alliées, les moulins du Loiret envahis jusqu'au delà du premier étage, tout le Porteau inondé, toutes les campagnes autour des villes ayant leurs villages sous les eaux et n'offrant plus que l'aspect d'une vaste mer : c'était un affreux spectacle !

A Saint-Benoît, l'inondation fut également terrible. En vain tous les habitants, hommes, femmes, enfants, le curé, le vicaire travaillèrent sans relâche à consolider les levées ; tous les efforts furent inutiles. Devant la rupture qui s'élargissait sous les pieds des travailleurs, il fallut en grande hâte gagner la partie la plus élevée du terrain où l'eau n'était pas parvenue en 1846; mais bientôt la Loire envahit ce refuge. A l'exception de l'église, du presbytère et de quelques maisons très-élevées, tout fut submergé, et dans la campagne, il y avait beaucoup de maisons dont on n'apercevait que la toiture.

La culée du pont de Sully, du côté de Saint-Père, fut enlevée, son tablier flottait comme un énorme radeau, et l'on vit s'abîmer une à une la plupart des maisons de Saint-Père découvert par la chute de la culée.

A Amboise, M. H. de la Taille, inspecteur général du chemin de fer, apprenant que la situation était menaçante, accourut avec son train, accompagné de MM. Ratel et Aubuisson inspecteurs ordinaires, près de la gare de cette ville. En ce moment, on travaillait activement à consolider la levée de la Loire prête à être emportée. A peine fut-il descendu du convoi que la digue creva, donnant un large passage aux fureurs du fleuve. La situation était terrible. Les trois inspecteurs, se précipitant vers la gare, purent à peine, l'eau étant plus rapide que leur fuite et les envahissant, rejoindre cet abri. Mais la gare ne tarda pas à être envahie, les flots couvrirent le premier étage, et M. de la Taille dut se réfugier avec ses compagnons sur le toit de l'édifice. La Loire mugissait partout autour d'eux; le bâtiment de la gare des marchandises s'effondrait sous leurs yeux, et pour mettre le comble à cette horrible situation, la nuit survenait! D'un autre côté, le mécanicien et le chauffeur du train s'étaient hissés sur le dôme de leur machine, et là, à demi plongés dans l'eau, ces malheureux n'avaient plus d'autre espoir de salut que dans la résistance de la masse de 40,000 kil. sur laquelle ils étaient montés. La nuit se passa dans cette situation affreuse. Enfin, vers trois heures du matin, on les aperçut et on vint en barque à leur secours.

Les désastres de Blois n'étaient pas moins déplorables : il y eut des rues où l'eau entrait au premier étage des maisons. Menard, Saint-Denis, la Chaussée virent les digues de la rive droite se rompre sous la pression du fleuve ; les vals de Saint-Claude, Vineuil, Saint-Gervais, Challet et Condé furent inondés ; dans certaines parties, les torrents arrachaient des arbres, des maisons ou roulaient des troupeaux entiers sous leurs eaux. La destruction du village d'Elcures a été complète.

A Tours, le cardinal Morlot s'était rendu lui-même sur les levées avec ses ecclésiastiques, et à leur tête, la pelle et la pioche des travailleurs à la main, prenait une part active à l'œuvre périlleuse contre les progrès de l'inondation. Vains efforts ! Le Cher fit bientôt avec la Loire sa jonction tant redoutée, et la ville entière, plus basse que le lit du Cher, fut plongée dans l'eau ; on allait en barque dans la rue Royale et sur les mails. Les habitants, bloqués dans leurs maisons, furent obligés, pour descendre dans les barques de sauvetage, de se suspendre au dehors à des draps roulés et attachés aux fenêtres.

Jamais catastrophe pareille n'avait frappé la ville de Tours. Le jardin de la France a disparu sous les eaux et n'est plus qu'une vaste ruine ! Saumur, Angers, Ancenis et Nantes ont éprouvé à leur tour des désastres sans exemple dans leur histoire.

Dans le Midi, la Garonne et ses affluents, le Lot, Le Tarn, le Gers, de même que la Vienne, le Maine, l'Allier, le Cher et tant d'autres rivières et torrents, ont exercé les plus cruels ravages. Dans plus de vingt départements, disons tout en un mot, les pertes sont incalculables, et s'additionnent avec des millions !

## IV

Mais si la main de Dieu nous envoie une si terrible épreuve, s'il rappelle vers lui par le malheur nos âmes engourdies, s'il nous parle par la voix formidable des fléaux et des désastres, la France sait comprendre ce langage et y répondre d'une manière si touchante et si sublime, que sa résignation, sa bienfaisance, les œuvres de sa charité ne peuvent manquer d'apaiser le ciel irrité contre nous. Le malheur est aussi son champ de bataille où elle se montre toujours la France ; et qu'il est beau de la voir se prendre corps-à-corps avec la misère ! Ne dirait-on pas que Dieu n'a permis aux éléments de se déchaîner contre elle avec tant de fureur, que pour lui donner occasion de faire briller sa vertu, sa charité, aux yeux de l'univers attendri ! Au milieu d'une désolation si extrême, que d'actes touchants de dévouement et de courage !

Entendez-vous au sein des grandes villes, à Lyon, à Avignon, à Arles, à Orléans, à Blois, à Tours, à Angers, ces cris d'enthousiasme? Voyez-vous couler ces larmes de reconnaissance? C'est le Chef de la nation qui s'est jeté résolûment au milieu du désastre, dans les eaux de ce déluge, pour consoler le malheur, soutenir les courages et relever les désespoirs. Voyez-le à Lyon, visitant les parties de la ville qui avaient été le plus violemment atteintes par l'inondation, traversant à gué plusieurs parties des chaussées et des rues encore couvertes par les eaux, se rendant au milieu de plus de vingt-mille ouvriers sans asile et sans pain, prodiguant l'or et les consolations!

Le peuple de Lyon se montrait, lui aussi, digne du Souverain. On signale de pauvres ouvriers qui ont généreusement refusé les secours que l'Empereur leur mettait dans la main, ou qui, après les avoir reçus, les ont ensuite abandonnés à de plus malheureux qu'eux.

Une vieille femme s'était approchée,

poussée par la curiosité, et avait reçu trois pièces d'or. Comme elle regardait avec étonnement cet or qui brillait dans sa main — « l'Empereur vous a prise pour une inondée, lui dit un ouvrier. — Dans ce cas, répondit la pauvresse, cet or n'est pas pour moi ; ma maison est debout, Dieu merci ! » Et elle remit à des inondés la somme qu'elle venait de recevoir.

Cent mille francs remis à la ville de Lyon sur la cassette particulière de l'Empereur pour être distribués aux familles pauvres qui ont le plus souffert ; 25,000 au préfet de l'Isère ; à Vienne, 10,000 ; aux Roches de Condrieu, 2,000 ; à Tain, 5,000 ; à Tournon, 2,000 ; à Valence, 20,000 ; au préfet de la Drôme, 25,000 ; à Montélimart, 4,000 ; à la Palud, 4,000 ; et quelques jours après au préfet du Loiret, 20,000 ; au maire de Beaugency, 5,000 ; au préfet de Loir-et-Cher, 20,000 ; au préfet d'Indre-et-Loire, 50,000 ; au préfet de Maine-et-Loire, 50,000 ; témoignent assez haut de la bienfaisance Impériale.

La majeure partie de la ville d'Avignon était encore couverte par les eaux lors de l'arrivée de l'Empereur, qui dut monter en bateau pour se rendre dans la partie haute que l'inondation n'avait point envahie. Il monta sur la place du Rocher, près de l'ancien palais des Papes, pour mieux juger de l'étendue du désastre.

Sa Majesté voulut ensuite se rendre à Tarascon ; mais arrivée à la Montagnette, elle trouva les communications interrompues. A ce point, huit petits bateaux attendaient l'Empereur ; malgré le danger évident qu'il y avait à s'exposer dans de si frêles embarcations à la furie du Rhône débordé, par son ordre l'embarquement s'est effectué, et ces légères barques furent emportées avec une vitesse effrayante par le courant du fleuve. Aussitôt que cette petite escadrille fut signalée à Tarascon, le morne abattement qu'avait produit la catastrophe se changea tout à coup en un profond attendrissement. A peine débarqué : « Menez-moi, dit l'Empereur, dans les quartiers les plus peuplés et les plus malheureux. » Là, un spectacle de nouvelles souffrances s'offrit à ses yeux. De tous côtés, des femmes, des vieillards, des enfants allaient au-devant de lui, descendant par les fenêtres, suspendus aux appuis des portes, le corps à demi plongé dans l'eau. L'Empereur, profondément ému, a parcouru en bateau les rues de cette ville entièrement envahie par les eaux, distribuant des consolations et des secours aux habitants réfugiés dans les étages supérieurs de leurs maisons. Au moment où il voulut monter en wagon pour se rendre par le chemin de fer à Arles, une scène touchante eut lieu. Aux abords de l'embarcadère s'étendait une profonde couche de vase qu'il était impossible de franchir en bateau : un grand nombre de mariniers, d'ouvriers, de travailleurs se présentèrent alors, se disputant l'honneur de transporter Sa Majesté sur leurs épaules.

A son arrivée à Arles, l'Empereur s'est immédiatement rendu à la tour des Arènes, afin d'embrasser d'un coup d'œil l'immense étendue des terrains inondés entre la ville et la mer. Puis il distribua d'abondants secours. Aux cris de : *Vive l'Empereur!* se mêlaient les bénédictions pour le Souverain qui savait faire un si noble usage du pouvoir que la France lui a donné.

A peine remis de ses fatigues, l'Empereur alla visiter les inondés de la Loire, voulant se rendre partout où il y avait des malheureux à secourir et de nouveaux désastres à prévenir. A Orléans, à Blois, à Amboise, à Tours, à Angers de nombreux secours ont été prodigués par lui.

Pendant que l'Empereur portait lui-même aux inondés les premiers secours et des consolations, l'Impératrice Eugénie, émue comme lui de tant de misères, versant des larmes au récit de tant de calamités, a pris l'initiative d'une souscription pour les soulager, et a souscrit pour une somme de vingt mille francs en son nom, et pour celle de dix mille au nom du Prince Impérial.

Au hameau des Broques, commune de

Lapenne, le débordement de la rivière de Chers avait pénétré dans toutes les maisons jusqu'à la hauteur des portes. Les habitants étaient restés trois jours et trois nuits enfermés dans leur demeure. M. l'abbé Surre, curé de Lapenne, osa le premier visiter les malheureux inondés. Suivi de son domestique, il fit à cheval le tour du hameau, ayant de l'eau jusqu'à la ceinture: au péril de sa vie, il en fit descendre plusieurs par les fenêtres et les délivra en leur cédant sa monture. La pluie tombait à torrents; l'homme évangelique ne perdait pas courage, il luttait contre la rivière envahissante pour lui arracher ses victimes. Ce n'était pas la première fois qu'il donnait des preuves de son dévouement; quelques années auparavant, il avait exposé ses jours dans un effroyable incendie.

A Poilly, au plus fort de l'inondation, on entend des cris de détresse. M. le curé de Poilly, membre de la société des sauveteurs, bien que cerné lui-même par les eaux dans son presbytère, n'hésite pas à se jeter dans un bateau pour voler où son devoir et sa charité l'appelaient. Ayant fait amener une barque sous les fenêtres de son presbytère, il y descend au moyen d'une échelle, et, accompagné de deux hommes de cœur, il se dirige vers le point d'où partent les cris. L'appel au secours était proféré par sept personnes réfugiées dans les greniers et sur les toits de plusieurs maisons inondées. Le digne prêtre est assez heureux pour les arracher à une mort certaine. Ce n'est pas tout; il franchit les eaux furieuses, à travers mille périls, et pousse sa barque jusqu'à Gien pour y chercher des vivres. Pendant le chargement, il rend visite au sous-préfet et au procureur impérial, et ces magistrats ont quelque peine à reconnaître sous la blouse mouillée et limoneuse du sauveteur le ministre de Dieu qui vient, au péril de ses jours, chercher des vivres pour ses paroissiens. A son retour, il recueille encore dans sa barque, le long des îles, quelques malheureux qui allaient périr.

Dans la commune de Cry, un moulin était envahi par les eaux ; les chevaux et les bestiaux allaient périr lorsque Drogat, homme de cœur, sans se préoccuper du danger auquel il s'expose, se jette au milieu des flots, et ramène sains et saufs les animaux qui s'y trouvaient. Informé quelques instants après que deux personnes, surprises par l'inondation subite, se trouvent, aux approches de la nuit, dans une situation des plus dangereuses sur une petite barque embarrassée dans un groupe d'arbres, que les eaux croissent toujours. Drogat, n'écoutant que ses inspirations généreuses, affronte la rapidité du courant et parvient à sauver les naufragés.

A Orléans, M. Charles de Bréau, à quatre reprises différentes et avec une simple barque, sauve la vie à vingt personnes réfugiées dans les greniers de leurs demeures, aux environs de l'Ile de Corse. Un marinier pénétra dans cette île, au milieu des plus grands dangers, pour sauver une femme de 70 ans abandonnée dans une maison. A Saint-Marceau, un bateau chargé d'une dizaine de personnes, entraîné par de forts courants, était allé se heurter contre une borne de la route et menaçait de submerger. Aux cris poussés par des centaines de personnes, témoins de cette scène émouvante, un maréchal des logis se déshabille rapidement, et, entrant courageusement dans l'eau, opère le sauvetage des personnes en danger. A Olivet, cinq personnes, luttant en vain contre les flots irrésistibles, auraient péri sans le secours de MM. Tuillerier et Jacques Proust. Le commissaire de police, M. Asseline, se signala également dans les sauvetages opérés.

À Lyon, les capucins se multipliaient pour porter des secours à travers les jardins et les chemins submergés, et l'un d'eux fut assez heureux pour sauver du gouffre des eaux une petite fille de six ans. Parmi les actes de dévouement qui ont été accomplis au milieu du danger, L'Hermoyé, tambour au 92e de ligne, a largement payé son tribut ; son courage a fait des prodiges. Monté sur une barque qu'il conduisait lui-même, on le voyait se multipliant sans cesse et travaillant avec ardeur pour transporter sur la rive des malheureux habitants qu'il allait chercher dans leurs maisons envahies par l'eau. Auprès des remparts du fort de Villeurbanne, deux hommes cherchaient à gagner un terrain plus solide en cheminant sur un remblai plongé dans l'eau et déjà miné ; au bout de quelques pas, le sol s'affaissa sous leurs pieds : ils roulèrent dans les flots. L'Hermoyé, dont la barque était inoccupée en ce moment, se jette dans le torrent, dont l'impétuosité faillit l'emporter lui-même ; il parvient cependant à saisir les deux hommes, et les ramène sur le bord en nageant. Quelques heures après, conduisant sa barque chargée presque entièrement de femmes et d'enfants, il aperçut un malheureux qu'entraînait la rapidité du courant et qui disparut. Trois hommes volèrent aussitôt à son secours, et disparurent également. L'Hermoyé s'élance à son tour et ramène successivement à terre ces trois hommes ; quant au premier, il plongea à plusieurs reprises, et le chercha en vain. Toujours avec sa barque, il passait près d'une maison entourée d'eau et menaçant ruine; il s'y trouvait encore un vieillard qui appelait vers lui cette barque libératrice ; mais la hauteur des fenêtres où il était placé ne lui permettait pas de descendre. La maison tremblait : L'Hermoyé n'hésita pas. Abandonnant son bateau, il eut bientôt grimpé et pénétré dans la maison. Mais le vieillard voulait sauver ses meubles avant lui ; pour terminer la dispute, L'Hermoyé le saisit et se précipite avec lui dans l'eau : les deux corps disparaissent, mais pour reparaître presque aussitôt. L'Hermoyé, excellent nageur, put bientôt déposer son fardeau dans sa barque, et à ce moment la maison tombait avec fracas et disparaissait elle-même sous les flots.

Sacrifice sublime ! Une maison allait s'écrouler : sur les toits, une femme, tenant dans ses bras un enfant de trois ans, pous-

sait des cris affreux. Une barque de sauvetage se dirige de son côté ; mais la maison va s'engloutir ; la mère ne songe qu'à
son enfant, elle le jette dans les bras de
ses sauveurs et disparaît dans les débris de
la maison qui s'écroule !

A la Guillotière, sur la place Napoléon,
une femme veut traverser l'eau ; le courant l'entraîne, elle va périr : un enfant
de douze ans s'élance, saisit l'infortunée par
les cheveux et la sauve. Une maison de la
Part-Dieu va s'écrouler entraînant avec elle
quatre malheureuses femmes : un employé
de l'octroi improvise un radeau et se con-
fie à l'abîme sur cette fragile embarcation.
A peine ces femmes sont-elles sur le radeau que la maison s'écroule, une pierre
atteint à la tête l'employé, le sang coule à
flots ; mais rassemblant son énergie et son
courage, ce généreux homme du peuple
redouble d'efforts ; il touche bientôt la
terre ferme ; là, les forces lui manquent
et il tombe évanoui dans les bras des spec-
tateurs.

Dans les plaines du Prado, un homme a plongé trois fois dans un gouffre tournoyant, et trois fois il a sauvé une nouvelle victime.

Le clergé des paroisses de la rive gauche de Lyon payait aussi de sa personne. On voyait partout ces prêtres courageux, malgré des fatigues inouïes, affronter tous les dangers, pour porter des secours. Munis de cordages ou d'aliments, ils allaient à la recherche de ceux que le danger ou la faim assiégeait. Jusqu'aux limites de Venissien, dans des barques fragiles, ils portaient l'espoir et des consolations à leurs paroissiens que les flots assiégeaient. Combien de victimes dévouées à la mort ont été sauvées par eux !

Valence, Avignon, Arles, Orléans, Blois, Tours et Angers ont été témoins d'un semblable dévouement de la part des ministres de Dieu.

Citons encore ce jeune ouvrier de Lyon qui a sauvé, dans son bateau, trois personnes au moment où leur habitation s'affaissait. Deux d'entre elles, s'étant jetées hors de la barque pour éviter le choc des matériaux qui s'abattaient, il les a encore arrachées une fois à la mort. Un autre jeune homme s'est jeté au travers des flots pour sauver un enfant de trois ans abandonné seul sur un petit tertre que l'inondation gagnait. Deux autres jeunes gens, Desmazes et Grangier, montés sur une yole, se dirigèrent vers les points les plus périlleux. Parmi les travailleurs qui cherchaient à maintenir les digues ou à diriger les cours de l'inondation, toutes les classes de la société étaient confondues de jour et de nuit. L'égalité du travail et du salaire a été cette fois établie d'une manière incontestable. Le colonel, chef du génie, M. Champanhet et ses soldats, les artilleurs et M. Courtois d'Hurfal, leur colonel, se signalèrent par un dévouement intrépide.

Des cris affreux étaient poussés au fond d'une cour de la rue d'Aguesseau, et ne tardèrent pas à être étouffés par le bruit épouvantable d'une maison qui s'écroulait. Le maire de l'arrondissement, le curé de Saint-André, plusieurs mariniers dévoués, montent dans une barque, et, pénétrant avec peine au fond de la cour de la maison, ils voient une famille tout entière, un homme, sa femme et deux enfants que celle-ci tient encore dans ses bras, disparaissant déjà au milieu de l'eau. On se précipite à leur secours; on parvient d'abord à retirer l'homme à bout de forces, au moment où il allait périr, et la femme au moment où, vaincue par la douleur, elle venait, après une dernière étreinte, d'abandonner ses enfants. Mais la malheureuse mère réclamait ses enfants, et rien n'était plus déchirant que les reproches que cette infortunée s'adressait pour les avoir abandonnés au moment où ils auraient pu être sauvés. Les deux petits enfants furent retirés au bout d'une heure de recherche; pendant quelques instants sans vie et sans mouvement, ils furent bientôt ranimés par les soins qui leur étaient prodigués.

M. Duclos, brasseur, recueillit dans son vaste établissement plus de cinq cents inondés sans asile. M^me Mats, une veuve, dont les ateliers avaient été inondés, après avoir mis ses enfants en sûreté, monta elle-même sur le siége de l'une de ses voitures, et, pendant toute la nuit du dimanche, opéra le sauvetage de malheureux inondés. M. Peyre, commissaire de police, bravait la rapidité du torrent pour sauver des flots de malheureux naufragés. Auguste Audrand, Francisque Laposse, Antoine Baroton et Chanteur se sont élancés dans le fleuve et ont sauvé plusieurs personnes en danger de périr.

Partout, dans les autres grandes villes, dans les villages les plus ignorés, les feuilles publiques signalent d'innombrables traits de courage et de dévouement. On a vu les archevêques de Lyon, d'Avignon, de Tours; les évêques de Nevers, d'Orléans, de Blois et d'Angers, accourir sur le théâtre du désastre, encourager par leur noble exemple les travailleurs, multiplier les efforts de leur charité et ouvrir leurs palais aux victimes de l'inondation. Partout les autorités étaient à leur poste et donnaient l'exemple du dévouement. Le maire de Jassans, constamment dans l'eau, aidait les habitants à transporter leur mobilier et à se mettre eux-mêmes en sûreté. A Semur, au péril de leur vie, le gendarme Weith et le commissaire de police Marguery sont parvenus à sauver d'une mort certaine des femmes et des enfants surpris par le fléau.

M. l'abbé Duperray, curé de Saint-Charles, à Serin, a porté lui-même des secours aux naufragés de sa paroisse. Pendant trois jours, les 18, 19 et 20 mai, on l'a vu, accompagné d'un sergent de ville, sillonner avec une faible barque les eaux débordées, et distribuer du pain et de la viande à ceux de ses paroissiens qui périssaient de besoin. Tout le monde était dans l'admiration : lui seul ne soupçonnait pas qu'il y eût là rien d'admirable.

## V

Ces horribles désastres produits par une inondation qui s'étend sur des longueurs d'une centaine de lieues, laissant des milliers de familles sans asile et sans pain, occasionnant des pertes par millions, excitent heureusement partout les plus vifs élans de sympathie. Sur toute l'étendue de l'Empire, les évêques, les préfets, les maires et les curés provoquent les souscriptions; les feuilles publiques sont au service du malheur, et si nos désastres sont immenses, il est consolant de penser que les sacrifices de la charité et le zèle de la bienfaisance sont à leur hauteur. Donnons, donnons tous largement! Que les pauvres eux-mêmes, soulageant de plus infortunés qu'eux, ne craignent pas d'offrir leur obole; elle sera agréable à Dieu, et les centimes, dans les souscriptions générales, se changent en pièces d'or. Il est impossible que le Dieu qui s'apaise par l'aumône ne se laisse pas toucher par le spectacle de tout un grand peuple qui se change en atelier de charité.

Voilà pour la réparation de nos maux présents, l'expiation de nos fautes passées. Mais ce n'est pas assez pour l'avenir : il faut savoir comprendre le langage de Dieu, les avertissements du ciel qui nous parle et nous prévient par la voix de ses fléaux.

Les lois de la divine Providence nous sont révélées dans nos Livres sacrés, et nous y voyons clairement que toutes les fois qu'Israël tombe dans des prévarications générales et publiques, la main de Dieu ne manque pas de châtier ses ingratitudes. Dieu, suprême législateur, veille à l'exécution de ses lois, et comme c'est lui-même qui dès le commencement a sanctifié le septième jour, la profanation publique de ce saint jour ne pouvait manquer d'exciter le courroux de sa justice. Nos évêques, ces prophètes de la loi nouvelle, nous avaient avertis, et nous n'avons pas écouté leur voix, et les fléaux qu'ils nous annonçaient se sont déchaînés sur nous, et nous pouvons bien redire l'antique lamentation

du Prophète : « Nous avons péché de-
« vant le Seigneur ; nous ne lui avons
« point été assujettis ; nous n'avons point
« écouté la voix du Seigneur notre Dieu
« pour marcher selon les préceptes du
« Seigneur, et voilà pourquoi nous avons
« été accablés de plusieurs maux, et la
« malédiction s'est attachée à nos entrail-
« les. » (Baruch. I.)

Ecoutons avec respect ces remarquables
paroles de l'un des plus illustres et plus
éloquents chefs de l'Eglise gallicane.

« En regardant, s'écrie S. E. le Cardi-
« nal-Archevêque de Lyon, ces lignes de
« riches magasins scandaleusement ou-
« verts le dimanche, il y a peu de jours,
« et maintenant déserts et tristement fer-
« més, il nous était impossible de ne pas
« voir la terrible main de Dieu dans ces
« désastres mémorables qui nous frappent.
« L'obstination à violer la loi du Seigneur
« provoque l'obstination de sa Providence
« à nous punir : et cette soif de gain qui
« dévore, cette fureur de spéculation qui
« consume, ce mouvement d'industrie qui

« ne s'arrête ni pour la prière, ni pour
« l'éternité ; toute cette activité sans frein
« trouve son châtiment dans les fléaux dont
« le déchaînement nous fait entendre de
« si sévères leçons... Si nos résolutions de
« repentir s'évanouissent avec les eaux qui
« s'écoulent, alors ne soyons plus surpris
« si nos fleuves, triomphant encore des
« efforts de la science et du dévouement,
« viennent nous chasser de nos habitations,
« ferment nos ateliers, en entraînent les
« produits, déconcertent tous nos plans
« de fortune et se jouent du progrès.»

Que faire ? Nous convertir ; ôter de dessous l'œil de Dieu le mal qui l'irrite : voilà notre unique salut. L'incrédulité peut sourire à ces paroles ; mais le chrétien se soucie peu de ses dédains. Ses oracles ne valent pas celui que nous lisons en Ezechiel : « Convertissez-vous et faites péni-
« tence de vos iniquités, et l'iniquité n'at-
« tirera plus votre ruine : car pourquoi
« péririez-vous, peuple d'Israël ? »

Oui, pourquoi péririons-nous, lorsqu'une étincelle de foi chrétienne brille encore à nos yeux? Pourquoi péririons-nous, quand nous pouvons rendre au dimanche son repos nécessaire, sa sainteté primitive? Pourquoi péririons-nous, quand, après ces désastres, ce déluge, l'arc du Seigneur, Marie, priant pour nous, *Marie, salut et refuge des inondés,* nous annonce la fin de la colère du Seigneur? Mettons-nous sous sa maternelle protection. Que la science cherche à opposer des digues, des obstacles au retour de si terribles désastres, c'est sa gloire et elle est dans son rôle; mais au-dessus des causes physiques il y a les causes surnaturelles, il y a Dieu à qui seul les éléments obéissent, et qui se rit des vains efforts de l'homme. Soyons donc sincèrement et courageusement hommes de foi; opposons un obstacle insurmontable au retour de ces terribles fléaux : cet obstacle surnaturel, nous le trouverons seul dans nos ferventes prières à Marie, dans son héroïque et inépuisable intercession.

ADOLPHE DE ROUGLON.

Paris. — Imp. BAILLY, DIVRY, et C<sup>e</sup>, place Sorbonne, 2.

9 782012 970366